Annette Weber

Passende Unterrichtsmaterialien
zur Klassenlektüre:

Auf Klassenfahrt und Vatersuche

ab Klasse 3

Kopiervorlagen mit Lösungen

Gedruckt auf umweltbewusst gefertigtem, chlorfrei gebleichtem
und alterungsbeständigem Papier.

1. Auflage 2012
Nach den seit 2006 amtlich gültigen Regelungen der Rechtschreibung
© by Brigg Pädagogik Verlag GmbH, Augsburg
Illustrationen: Bettina Weyland

ISBN 978-3-87101-**931**-9   www.brigg-paedagogik.de

Inhalt

6. Ein lustiger Plan

7. Geisterstunde

8. Endlich Klartext

Vorwort

Liebe Kolleginnen und Kollegen!

Oft ist es schwierig, eine passende moderne Klassenlektüre zu finden, die Mädchen und Jungen gleichermaßen anspricht und zudem Spaß und Freude am Lesen vermittelt.

Jungen mögen es nicht gerne, wenn die Hauptakteurin des Buches ein Mädchen ist, und auch Mädchen sträuben sich oft, wenn sie das Gefühl haben, ein „Jungenbuch" zu lesen.

„Auf Klassenfahrt und Vatersuche, Finnjas Geschichte – Philipps Geschichte" enthält zwei Geschichten. So bietet sich die Möglichkeit, die Klasse in eine Mädchen- und eine Jungengruppe zu teilen, denn die beiden Kinder Finnja und Philipp erleben die gleiche Geschichte, Finnjas Vatersuche, aus unterschiedlichen Sichtweisen. Finnja und Philipp sind in verschiedene Kontexte eingebunden, begegnen einander und erleben einen Teil der Geschichte gemeinsam. Die Rahmenhandlung, eine aufregende Klassenfahrt, ist zudem spannender Lesestoff für alle Schülerinnen und Schüler. Eine Geschichte aus zwei Perspektiven erleben zu können, bietet den Kindern auch die Möglichkeit, sich eine ganzheitliche Sichtweise eines Geschehens zu erschließen und darüber ins Gespräch zu kommen. Und vielleicht hat ja der eine oder andere Schüler danach Lust bekommen, die Geschichte noch aus der anderen Perspektive zu lesen.

Anmerkungen zu den vorliegenden Arbeitsmaterialien

Die Menge und der Schwierigkeitsgrad der Lektüre und der Arbeitsmaterialien sind für beide Schülergruppen identisch. Für jedes Kapitel finden Sie abwechslungsreiche Arbeitsblätter mit Lösungen zum Text- und Leseverständnis. Das Arbeitsmaterial bietet aber auch kreative Schreibanlässe, Anregungen für spannende Unterrichtsgespräche, Rollenspiele sowie Rätsel und erarbeitet das aktuelle Thema „Patchworkfamilie" anhand von Sachtexten und mit persönlichen Bezügen.

Es gibt Arbeitsblätter für Mädchen, für Jungen oder auch für beide Gruppen gemeinsam, die zur schnellen Orientierung jeweils mit einem Piktogramm gekennzeichnet sind.

Die Bearbeitung der Kopiervorlagen kann in Form einer „Lernwerkstatt" erfolgen: Das Arbeitsmaterial liegt dann in ausreichender Anzahl für alle offen und zugänglich im Klassenzimmer aus und die Kinder bearbeiten es je nach individuellem Lern- und Lesetempo. Natürlich ist die Bearbeitung aber auch in gelenkter Form möglich.

Ich wünsche Ihnen und Ihren Schülern viel Spaß und Freude.

Ihre Annette Weber

Kreuzworträtsel

▶ Suche dir eine Partnerin aus der „Finnja-Gruppe". Beantwortet die Fragen gemeinsam und schreibt die Wörter in die Kästchen. Wie lautet das Lösungswort?

1. Wer zieht in der Jugendherberge direkt neben das Zimmer der Mädchen?
2. Wie heißt eine von Finnjas Freundinnen?
3. Wo liegt die Jugendherberge?
4. Wie heißt Finnjas Lehrerin mit Nachnamen?
5. Wie heißt ein Junge im Nachbarzimmer?
6. Was erhält Finnja von der Lehrerin für ihr Referat?
7. Was will Alexander den Mädchen ins Bett legen?
8. Was tropft Noah aus dem Mund?
9. Wen sucht Finnja in Hagensbrunn?
10. Auf welcher Internetseite sucht sie die Person?
11. Wie heißt Finnjas Vater mit Vornamen?
12. Wo wollte Finnjas Vater immer mal hin?
13. Was hat sich Finnja immer gewünscht?
14. Welche Hausnummer hat das Haus in der Kantstraße?

Das Lösungswort heißt:

Weber: Unterrichtsmaterialien zu „Auf Klassenfahrt und Vatersuche" · Best.-Nr. 931

© Brigg Pädagogik Verlag GmbH, Augsburg

Lösung

Kreuzworträtsel

▶ Suche dir eine Partnerin aus der „Finnja-Gruppe". Beantwortet die Fragen gemeinsam und schreibt die Wörter in die Kästchen. Wie lautet das Lösungswort?

1. Wer zieht in der Jugendherberge direkt neben das Zimmer der Mädchen?
2. Wie heißt eine von Finnjas Freundinnen?
3. Wo liegt die Jugendherberge?
4. Wie heißt Finnjas Lehrerin mit Nachnamen?
5. Wie heißt ein Junge im Nachbarzimmer?
6. Was erhält Finnja von der Lehrerin für ihr Referat?
7. Was will Alexander den Mädchen ins Bett legen?
8. Was tropft Noah aus dem Mund?
9. Wen sucht Finnja in Hagensbrunn?
10. Auf welcher Internetseite sucht sie die Person?
11. Wie heißt Finnjas Vater mit Vornamen?
12. Wo wollte Finnjas Vater immer mal hin?
13. Was hat sich Finnja immer gewünscht?
14. Welche Hausnummer hat das Haus in der Kantstraße?

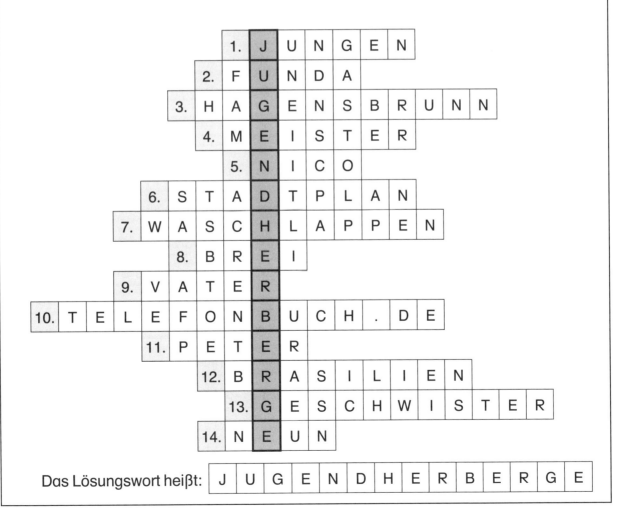

1. J U N G E N
2. F U N D A
3. H A G E N S B R U N N
4. M E I S T E R
5. N I C O
6. S T A D T P L A N
7. W A S C H L A P P E N
8. B R E I
9. V A T E R
10. T E L E F O N B U C H . D E
11. P E T E R
12. B R A S I L I E N
13. G E S C H W I S T E R
14. N E U N

Das Lösungswort heißt: J U G E N D H E R B E R G E

Weber: Unterrichtsmaterialien zu „Auf Klassenfahrt und Vatersuche" · Best.-Nr. 931
© Brigg Pädagogik Verlag GmbH, Augsburg

Kreuzworträtsel

▶ Suche dir einen Partner aus der „Philipp-Gruppe". Beantwortet die Fragen gemeinsam und schreibt die Wörter in die Kästchen. Wie lautet das Lösungswort?

1. Ist die Hauptperson deiner Geschichte ein Junge oder ein Mädchen?
2. Wie nennt Philipp die Jugendlichen in der Jugendherberge?
3. In welchem Ort wohnt Philipp?
4. Woher kommt die Grundschulklasse?
5. Wer ist Tim?
6. Wo liegt die Jugendherberge in Hagensbrunn?
7. Ergänze: „Der Typ war ein …, einen Kopf größer und dreimal so breit wie er."
8. Wie heißt der Freund von Philipps Mutter?
9. Was isst Philipp zu Mittag?
10. Womit spielen Tim und Philipp auf dem Heimweg?
11. Wie heißt Philipps Mutter mit Vornamen?
12. Woran arbeitet Philipps Mutter, als er aus der Schule kommt?
13. Was findet Philipp in einem Zimmer?
14. Was hat das Mädchen auf dem Liebesbrief angekreuzt?

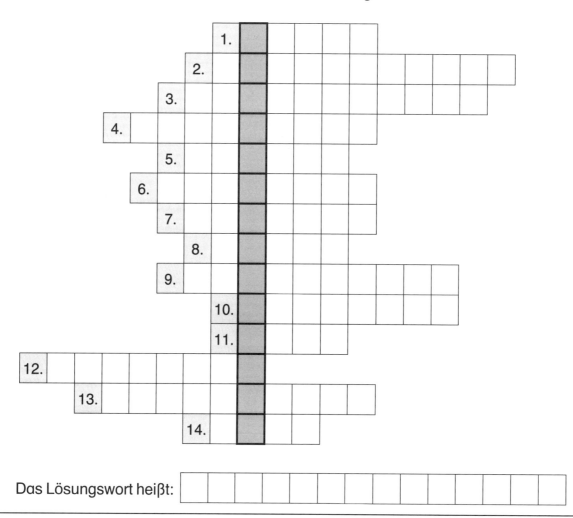

Das Lösungswort heißt:

Weber: Unterrichtsmaterialien zu „Auf Klassenfahrt und Vatersuche" · Best.-Nr. 931
© Brigg Pädagogik Verlag GmbH, Augsburg

Kreuzworträtsel

▶ Suche dir einen Partner aus der „Philipp-Gruppe". Beantwortet die Fragen gemeinsam und schreibt die Wörter in die Kästchen. Wie lautet das Lösungswort?

1. Ist die Hauptperson deiner Geschichte ein Junge oder ein Mädchen?
2. Wie nennt Philipp die Jugendlichen in der Jugendherberge?
3. In welchem Ort wohnt Philipp?
4. Woher kommt die Grundschulklasse?
5. Wer ist Tim?
6. Wo liegt die Jugendherberge in Hagensbrunn?
7. Ergänze: „Der Typ war ein …, einen Kopf größer und dreimal so breit wie er."
8. Wie heißt der Freund von Philipps Mutter?
9. Was isst Philipp zu Mittag?
10. Womit spielen Tim und Philipp auf dem Heimweg?
11. Wie heißt Philipps Mutter mit Vornamen?
12. Woran arbeitet Philipps Mutter, als er aus der Schule kommt?
13. Was findet Philipp in einem Zimmer?
14. Was hat das Mädchen auf dem Liebesbrief angekreuzt?

	1.	J	U	N	G	E			
	2.	D	U	M	P	F	B	A	C	K	E	N
	3.	H	A	G	E	N	S	B	R	U	N	N
4.	S	T	E	I	N	B	E	C	K
	5.	F	R	E	U	N	D
6.	W	A	L	D	R	A	N	D
	7.	S	C	H	R	A	N	K
	8.	P	E	T	E	R
9.	T	O	R	T	E	L	L	I	N	I
	10.	B	I	E	R	D	O	S	E
	11.	E	L	K	E
12.	C	O	M	P	U	T	E	R
	13.	P	E	N	T	A	G	R	A	M	M
	14.	N	E	I	N

Das Lösungswort heißt: | J | U | G | E | N | D | H | E | R | B | E | R | G | E |

Weber: Unterrichtsmaterialien zu „Auf Klassenfahrt und Vatersuche" · Best.-Nr. 931
© Brigg Pädagogik Verlag GmbH, Augsburg

Name:	Datum:

Was ist eine „Patchworkfamilie"?

Jede dritte Ehe wird in Deutschland geschieden.
Deshalb lebt heute nicht jedes Kind in einer
„normalen" Familie, bestehend aus Mama, Papa,
Kind(ern). Wenn sich Eltern scheiden lassen und
5 dann ein Elternteil eine Beziehung mit einem
neuen Partner eingeht, bezeichnete man früher
die Personen als Stiefmutter oder Stiefvater.
Heute nennt man eine neu zusammengewürfelte
Lebensgemeinschaft Patchworkfamilie. Eine
10 Patchworkarbeit ist ein Stoff, der sich aus vielen bunten Stoffresten und Flicken
zusammensetzt.

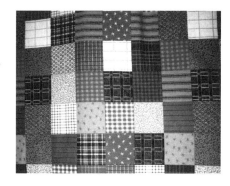

Jede siebte Familie, so schätzt man, lebt heute als Patchworkfamilie. Genaue
Statistiken gibt es noch nicht. Kein Wunder bei so vielen Varianten: Entweder
bringt die Mutter ihre Kinder mit in die neue Beziehung – oder der Vater. Oder die
15 Kinder von beiden Elternteilen leben in der Familie. Manchmal leben auch Kinder
aus einer früheren Beziehung bei dem Ex-Partner und kommen nur am Wochen-
ende zu Besuch. Oft kommen auch noch gemeinsame Kinder aus der neuen
Beziehung dazu. Jede Patchworkfamilie ist anders.

Manche Kinder freuen sich, nach einer Zeit des Alleinseins mit der Mutter oder
20 dem Vater wieder eine vollständige Familie zu haben. Manche Kinder aber leh-
nen den neuen Partner der Mutter oder des Vaters auch ab. Sie wollen mit ihrer
„richtigen" Mutter oder dem „richtigen" Vater zusammenleben oder – wenn das
nicht möglich ist – die Mutter oder den Vater wenigstens für sich allein haben.

Manchmal können auch Probleme entstehen, weil sich die Kinder eines Eltern-
25 teils gegenüber den Kindern des anderen Elternteils benachteiligt fühlen.

▶ Kennst du eine Patchworkfamilie?
Schreibe auf, aus welchen Familienangehörigen sie besteht.

_____

_____

_____

▶ Kannst du dir vorstellen, in einer Patchworkfamilie zu leben?
Begründe deine Aussage. Du kannst auf der Rückseite weiterschreiben.

_____

_____

_____

Weber: Unterrichtsmaterialien zu „Auf Klassenfahrt und Vatersuche" · Best.-Nr. 931
© Brigg Pädagogik Verlag GmbH, Augsburg

Finnjas Patchworkfamilie

▶ Schreibe auf, was du von Finnjas „richtiger" Familie und was du von ihrer heutigen „Patchworkfamilie" weißt. Die Textbausteine helfen dir dabei.

Mutter:

_____

_____

_____

Vater:

_____

_____

_____

Finnja:

_____

_____

_____

_____

Stiefbruder:

_____

_____

_____

Stiefvater:

_____

_____

_____

_____

– hat zwei Kinder
– ist im 4. Schuljahr
– heißt Manuela Brand
– ist noch ein Baby
– heißt Noah
– heißt mit Nachnamen Gessmann
– hat Finnjas Mutter geheiratet
– lebt in Hagensbrunn
– zeigt Finnja das Internet-Telefonbuch
– heißt Peter Puchalski

Weber: Unterrichtsmaterialien zu „Auf Klassenfahrt und Vatersuche" · Best.-Nr. 931
© Brigg Pädagogik Verlag GmbH, Augsburg

Finnjas Patchworkfamilie

▶ Schreibe auf, was du von Finnjas „richtiger" Familie und was du von ihrer heutigen „Patchworkfamilie" weißt. Die Textbausteine helfen dir dabei.

Mutter:

– hat zwei Kinder

– heißt Manuela Brand

Vater:

– heißt Peter Puchalski

– lebt in Hagensbrunn

Finnja:

– ist im 4. Schuljahr

– heißt mit Nachnamen

Gessmann

Stiefbruder:

– heißt Noah

– ist noch ein Baby

Stiefvater:

– zeigt Finnja das Internet-

Telefonbuch

– hat Finnjas Mutter geheiratet

– hat zwei Kinder
– ist im 4. Schuljahr
– heißt Manuela Brand
– ist noch ein Baby
– heißt Noah
– heißt mit Nachnamen Gessmann
– hat Finnjas Mutter geheiratet
– lebt in Hagensbrunn
– zeigt Finnja das Internet-Telefonbuch
– heißt Peter Puchalski

Weber: Unterrichtsmaterialien zu „Auf Klassenfahrt und Vatersuche" · Best.-Nr. 931

© Brigg Pädagogik Verlag GmbH, Augsburg

Philipps Patchworkfamilie

▶ Schreibe auf, was du von Philipps „richtiger" Familie und was du von seiner heutigen „Patchworkfamilie" weißt. Die Textbausteine helfen dir dabei.

Mutter:

_____

_____

_____

_____

Vater:

_____

_____

_____

_____

Philipp:

_____

_____

_____

_____

Freund der Mutter:

_____

_____

_____

_____

_____

– ist im 4. Schuljahr
– ist mit Philipps Mutter befreundet
– heißt Elke Selters
– muss oft in der Küche helfen
– lebte lange allein mit Philipp
– hat sich von seiner Familie getrennt
– heißt Peter Puchalski
– leitet eine Jugendherberge
– verbringt manchmal die Ferien mit Philipp
– arbeitet in der Jugendherberge mit

Philipps Patchworkfamilie

▶ Schreibe auf, was du von Philipps „richtiger" Familie und was du von seiner heutigen „Patchworkfamilie" weißt. Die Textbausteine helfen dir dabei.

Mutter:

- heißt Elke Selters

- lebte lange allein mit Philipp

- leitet eine Jugendherberge

Vater:

- hat sich von seiner Familie getrennt

- verbringt manchmal die Ferien mit Philipp

Philipp:

- ist im 4. Schuljahr

- muss oft in der Küche helfen

Freund der Mutter:

- heißt Peter Puchalski

- ist mit Philipps Mutter befreundet

- arbeitet in der Jugendherberge mit

- ist im 4. Schuljahr
- ist mit Philipps Mutter befreundet
- heißt Elke Selters
- muss oft in der Küche helfen
- lebte lange allein mit Philipp
- hat sich von seiner Familie getrennt
- heißt Peter Puchalski
- leitet eine Jugendherberge
- verbringt manchmal die Ferien mit Philipp
- arbeitet in der Jugendherberge mit

Weber: Unterrichtsmaterialien zu „Auf Klassenfahrt und Vatersuche" · Best.-Nr. 931
© Brigg Pädagogik Verlag GmbH, Augsburg

Wegbeschreibung 1

Finnja möchte von der Jugendherberge aus in die Kantstraße gehen.
Philipp beschreibt ihr den Weg.

▶ Schneide die Sätze aus und klebe sie in der richtigen Reihenfolge auf ein extra Blatt.

Du gehst links um den Marktplatz herum.

Du gehst den Postweg entlang immer geradeaus weiter bis zum Marktplatz.

Der Waldweg wird nach den Schienen zur Rosenstraße. Nachdem du ein kurzes Stück die Rosenstraße entlanggelaufen bist, biegst du die 2. Straße links in den Postweg ab.

Wenn du auf der rechten Seite eine Kirche siehst, weißt du, dass du richtig bist.

Du biegst in die 3. Straße links ein – das ist die Kantstraße.

Du startest bei der Jugendherberge und gehst den Waldweg entlang.

Weber: Unterrichtsmaterialien zu „Auf Klassenfahrt und Vatersuche" · Best.-Nr. 931
© Brigg Pädagogik Verlag GmbH, Augsburg

Wegbeschreibung 1

Finnja möchte von der Jugendherberge aus in die Kantstraße gehen.
Philipp beschreibt ihr den Weg.

▶ Schneide die Sätze aus und klebe sie in der richtigen Reihenfolge auf ein extra Blatt.

Du startest bei der Jugendherberge und gehst den Waldweg entlang.

Der Waldweg wird nach den Schienen zur Rosenstraße. Nachdem du ein kurzes Stück die Rosenstraße entlanggelaufen bist, biegst du die 2. Straße links in den Postweg ab.

Du gehst den Postweg entlang immer geradeaus weiter bis zum Marktplatz.

Du gehst links um den Marktplatz herum.

Du biegst in die 3. Straße links ein – das ist die Kantstraße.

Wenn du auf der rechten Seite eine Kirche siehst, weißt du, dass du richtig bist.

Weber: Unterrichtsmaterialien zu „Auf Klassenfahrt und Vatersuche" · Best.-Nr. 931
© Brigg Pädagogik Verlag GmbH, Augsburg

Wegbeschreibung 2

▶ Zeichne den Weg auf dem Stadtplan ein, so wie ihn Philipp Finnja beschreibt (siehe AB „Wegbeschreibung 1").

▶ Suche dir einen Partner. Beschreibe ihm den Weg von
– der Jugendherberge zur Schule.
– der Jugendherberge zur Klinik.

Weber: Unterrichtsmaterialien zu „Auf Klassenfahrt und Vatersuche" · Best.-Nr. 931
© Brigg Pädagogik Verlag GmbH, Augsburg

Lösung

Wegbeschreibung 2

▶ Zeichne den Weg auf dem Stadtplan ein, so wie ihn Philipp Finnja beschreibt (siehe AB „Wegbeschreibung 1").

▶ Suche dir einen Partner. Beschreibe ihm den Weg von
  – der Jugendherberge zur Schule.
  – der Jugendherberge zur Klinik.

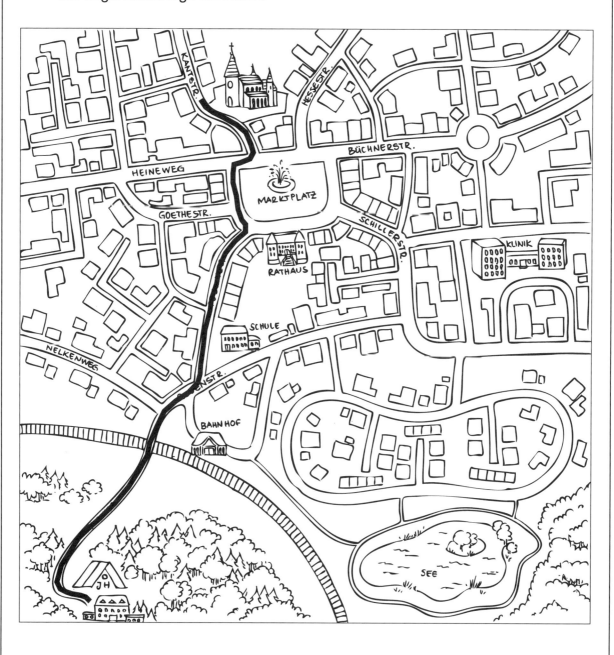

Weber: Unterrichtsmaterialien zu „Auf Klassenfahrt und Vatersuche" · Best.-Nr. 931
© Brigg Pädagogik Verlag GmbH, Augsburg

Name:	Datum:

Welche Antwort stimmt?

▶ Hast du den Text aufmerksam gelesen? Kreuze die richtige Antwort an und gib dir für jede richtige Antwort einen Punkt!

1. Was machen die Schüler nach dem Mittagessen?
   ☐ Stadtbummel ☐ Stadtrally ☐ Museumsbesichtigung

2. Welche Statue steht auf dem Kirchplatz?
   ☐ Thomas Münzer ☐ Heinrich Heine ☐ Friedrich Schiller

3. Wer war nicht mit Finnja in einer Gruppe?
   ☐ Funda ☐ Klara ☐ Lea

4. Wann trifft Finnja ihre Freundinnen wieder?
   ☐ um halb drei ☐ um halb vier ☐ um drei

5. Welche Straße sucht Finnja?
   ☐ Goethestraße ☐ Waldstraße ☐ Kantstraße

6. Welche Hausnummer hat das Haus, das Finnja sucht?
   ☐ 9 ☐ 12 ☐ 5

7. Welcher Name stand auf der untersten Klingel?
   ☐ Meier ☐ Sievers ☐ Schneider

8. Welche Farbe haben Nicos Boxershorts?
   ☐ blau ☐ rot ☐ weiß

9. Was lag auf dem Geschirrwagen?
   ☐ Servietten ☐ Besteck ☐ Preise

10. Was gewann Finnjas Gruppe?
   ☐ Gummibärchen ☐ Jojo ☐ Filzstifte

Ich habe _____ von 10 Punkten erreicht.

Weber: Unterrichtsmaterialien zu „Auf Klassenfahrt und Vatersuche" · Best.-Nr. 931
© Brigg Pädagogik Verlag GmbH, Augsburg

Lösung

Welche Antwort stimmt?

▶ Hast du den Text aufmerksam gelesen? Kreuze die richtige Antwort an und gib dir für jede richtige Antwort einen Punkt!

1. Was machen die Schüler nach dem Mittagessen?
   ☐ Stadtbummel ☒ Stadtrally ☐ Museumsbesichtigung

2. Welche Statue steht auf dem Kirchplatz?
   ☒ Thomas Münzer ☐ Heinrich Heine ☐ Friedrich Schiller

3. Wer war nicht mit Finnja in einer Gruppe?
   ☐ Funda ☐ Klara ☒ Lea

4. Wann trifft Finnja ihre Freundinnen wieder?
   ☒ um halb drei ☐ um halb vicr ☐ um drei

5. Welche Straße sucht Finnja?
   ☐ Goethestraße ☐ Waldstraße ☒ Kantstraße

6. Welche Hausnummer hat das Haus, das Finnja sucht?
   ☒ 9 ☐ 12 ☐ 5

7. Welcher Name stand auf der untersten Klingel?
   ☐ Meier ☒ Sievers ☐ Schneider

8. Welche Farbe haben Nicos Boxershorts?
   ☒ blau ☐ rot ☐ weiß

9. Was lag auf dem Geschirrwagen?
   ☐ Servietten ☐ Besteck ☒ Preise

10. Was gewann Finnjas Gruppe?
    ☐ Gummibärchen ☒ Jojo ☐ Filzstifte

Ich habe _____ von 10 Punkten erreicht.

Weber: Unterrichtsmaterialien zu „Auf Klassenfahrt und Vatersuche" · Best.-Nr. 931
© Brigg Pädagogik Verlag GmbH, Augsburg

Weber: Unterrichtsmaterialien zu „Auf Klassenfahrt und Vatersuche" · Best.-Nr. 931
© Brigg Pädagogik Verlag GmbH, Augsburg

Name:	Datum:

Welche Antwort stimmt?

▶ Hast du den Text aufmerksam gelesen? Kreuze die richtige Antwort an und gib dir für jede richtige Antwort einen Punkt!

1. Wo verbringt Philipp jeden Mittwochnachmittag?
   ☐ Auf dem Fußballplatz   ☐ Auf dem Flugplatz   ☐ In der Jugendherberge

2. Wie heißt der Fluglehrer?
   ☐ Herr Reichstein   ☐ Herr Eckstein   ☐ Herr Steinreich

3. Um wie viel Uhr muss Philipp den Flugplatz verlassen?
   ☐ Um fünf vor vier   ☐ Um fünf vor fünf   ☐ Um halb sechs

4. Vor welchem Geschäft bleibt Philipp stehen?
   ☐ Modellbaugeschäft   ☐ Klamottengeschäft   ☐ Spielzeuggeschäft

5. Welche Straße sucht das Mädchen?
   ☐ Schillerstraße   ☐ Kantstraße   ☐ Waldstraße

6. Was bereitet Philipp in der Küche vor?
   ☐ Salat   ☐ Suppe   ☐ Nachtisch

7. Wie heißt die Küchenhilfe?
   ☐ Peer   ☐ Jens   ☐ Eric

8. Wie viel Geld bekommt Philipp für seine Arbeit?
   ☐ 5 Euro   ☐ 10 Euro   ☐ 20 Euro

9. Was findet Philipp im Portemonnaie?
   ☐ Foto   ☐ Adresse   ☐ Briefmarken

10. Welches Datum steht auf der Rückseite des Fotos?
    ☐ 13.5. 2002   ☐ 13.4. 2003   ☐ 13.4. 2002

Ich habe _____ von 10 Punkten erreicht.

Lösung

Welche Antwort stimmt?

▶ Hast du den Text aufmerksam gelesen? Kreuze die richtige Antwort an und gib dir für jede richtige Antwort einen Punkt!

1. Wo verbringt Philipp jeden Mittwochnachmittag?
   ☐ Auf dem Fußballplatz ☒ Auf dem Flugplatz ☐ In der Jugendherberge

2. Wie heißt der Fluglehrer?
   ☐ Herr Reichstein ☒ Herr Eckstein ☐ Herr Steinreich

3. Um wie viel Uhr muss Philipp den Flugplatz verlassen?
   ☒ Um fünf vor vier ☐ Um fünf vor fünf ☐ Um halb sechs

4. Vor welchem Geschäft bleibt Philipp stehen?
   ☒ Modellbaugeschäft ☐ Klamottengeschäft ☐ Spielzeuggeschäft

5. Welche Straße sucht das Mädchen?
   ☐ Schillerstraße ☒ Kantstraße ☐ Waldstraße

6. Was bereitet Philipp in der Küche vor?
   ☒ Salat ☐ Suppe ☐ Nachtisch

7. Wie heißt die Küchenhilfe?
   ☐ Peer ☐ Jens ☒ Eric

8. Wie viel Geld bekommt Philipp für seine Arbeit?
   ☐ 5 Euro ☒ 10 Euro ☐ 20 Euro

9. Was findet Philipp im Portemonnaie?
   ☒ Foto ☐ Adresse ☐ Briefmarken

10. Welches Datum steht auf der Rückseite des Fotos?
    ☐ 13.5. 2002 ☐ 13.4. 2003 ☒ 13.4. 2002

Ich habe _____ von 10 Punkten erreicht.

Weber: Unterrichtsmaterialien zu „Auf Klassenfahrt und Vatersuche" · Best.-Nr. 931
© Brigg Pädagogik Verlag GmbH, Augsburg

Freundschaft

Finnja hat drei richtig gute Freundinnen. Klara, Jule und Funda. Sie halten zusammen, sie haben Spaß miteinander und sie sind füreinander da, wenn eine von ihnen traurig ist.

Auch Philipp hat gute Freunde: Dennis und Tim. Sie spielen miteinander und sind füreinander da. Tim und Philipp haben auch ein gemeinsames Hobby. Beide bauen gerne Modellflugzeuge.

▶ Bildet eine Greiergruppe und beantwortet die Fragen gemeinsam.

1. Was ist für eine Freundschaft besonders wichtig?

_____

_____

_____

_____

2. Was, meint ihr, könnte eine Freundschaft zerstören?

_____

_____

_____

_____

▶ Entscheidet, wer aus der Gruppe eure Ergebnisse der Klasse vorträgt.

Weber: Unterrichtsmaterialien zu „Auf Klassenfahrt und Vatersuche" · Best.-Nr. 931
© Brigg Pädagogik Verlag GmbH, Augsburg

Rollenspiel

▶ Suche dir einen Partner. Lest das Gespräch zwischen Finnja und Philipp mit verteilten Rollen.

▶ Überlegt euch Gestik, Mimik und Tonfall. Stellt es vor der Klasse als Rollenspiel dar.

FINNJA: Kann ich dir helfen?

PHILIPP: Du kannst schon mal das Besteck in die Körbe füllen.

Finnja legt das Besteck in die Körbe

PHILIPP: Das trocknen wir immer noch mal mit einem Tuch ab.

Kurzes Schweigen

FINNJA: Wie heißt du eigentlich mit Nachnamen?

PHILIPP: Selters. Und du?

FINNJA: Gessmann

Wieder Schweigen

FINNJA: Warum nennt unsere Lehrerin deinen Vater dann Puchalski?

PHILIPP: Ach so. *(lacht)* Das ist nicht mein Vater. Er ist der Freund meiner Mutter. Meine Eltern sind geschieden.

Kurze Pause

PHILIPP: Warum willst du das wissen?

Finnja zuckt die Schultern

FINNJA: Meine Eltern sind auch getrennt. Meine Mutter hat wieder geheiratet, und sie heißt jetzt Brand. Manuela Brand. Mit meinem Vater war sie nicht verheiratet. Darum heiße ich Gessmann. So hieß meine Mutter zuerst.

PHILIPP: Das ist ja ein Durcheinander.

FINNJA: Mein Vater hat einen ganz anderen Namen. Er heißt auch Puchalski.

PHILIPP: Peter Puchalski?

FINNJA: Genau.

Sie schauen sich schweigend an

Weber: Unterrichtsmaterialien zu „Auf Klassenfahrt und Vatersuche" · Best.-Nr. 931
© Brigg Pädagogik Verlag GmbH, Augsburg

Welche Satzteile gehören zusammen?

▶ Verbinde mit einem Lineal die Satzteile miteinander, die zusammengehören.

Finnja heißt mit Nachnamen	Peter Puchalski
Finnjas Vater heißt	Manuela Brand
Philipps Mutter heißt	Noah Brand
Philipp heißt mit Nachnamen	Gessmann
Der Freund von Philipps Mutter heißt	Peter Puchalski
Finnjas Mutter heißt	Selters
Finnjas Stiefvater heißt mit Nachnamen	Brand
Finnjas Bruder heißt	Elke Selters

▶ Ganz schön kompliziert! Hast du das Kapitel genau gelesen und kannst die Lücken ausfüllen?

Finnja heißt mit Nachnamen _____ , wie ihre Mutter früher hieß.

Denn als sie geboren wurde, war ihr Vater _____ _____

nicht mit ihrer Mutter _____ verheiratet.

Nun lebt die Mutter mit einem anderen Partner zusammen. Sie hat geheiratet und

trägt jetzt den Namen _____ . Finnjas kleiner Bruder

heißt _____ .

Philipp hat den Nachnamen _____ . Er hat denselben

Nachnamen wie seine Mutter, die _____ heißt.

Philipps Mutter hat einen neuen Partner, sein Name lautet

_____ .

Weber: Unterrichtsmaterialien zu „Auf Klassenfahrt und Vatersuche" · Best.-Nr. 931
© Brigg Pädagogik Verlag GmbH, Augsburg

Lösung

Welche Satzteile gehören zusammen?

▶ Verbinde mit einem Lineal die Satzteile miteinander, die zusammengehören.

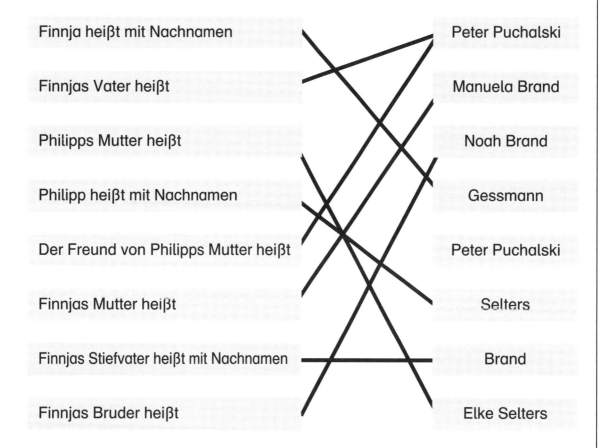

Finnja heißt mit Nachnamen	Peter Puchalski
Finnjas Vater heißt	Manuela Brand
Philipps Mutter heißt	Noah Brand
Philipp heißt mit Nachnamen	Gessmann
Der Freund von Philipps Mutter heißt	Peter Puchalski
Finnjas Mutter heißt	Selters
Finnjas Stiefvater heißt mit Nachnamen	Brand
Finnjas Bruder heißt	Elke Selters

▶ Ganz schön kompliziert! Hast du das Kapitel genau gelesen und kannst die Lücken ausfüllen?

Finnja heißt mit Nachnamen _____Gessmann_____ , wie ihre Mutter früher hieß.

Denn als sie geboren wurde, war ihr Vater _____Peter Puchalski_____

nicht mit ihrer Mutter _____Manuela Gessmann_____ verheiratet.

Nun lebt die Mutter mit einem anderen Partner zusammen. Sie hat geheiratet und

trägt jetzt den Namen _____Manuela Brand_____ . Finnjas kleiner Bruder

heißt _____Noah Brand_____ .

Philipp hat den Nachnamen _____Selters_____ . Er hat denselben

Nachnamen wie seine Mutter, die _____Elke Selters_____ heißt.

Philipps Mutter hat einen neuen Partner, sein Name lautet

_____Peter Puchalski_____ .

Weber: Unterrichtsmaterialien zu „Auf Klassenfahrt und Vatersuche" · Best.-Nr. 931
© Brigg Pädagogik Verlag GmbH, Augsburg

Was ist ein Pentagramm?

Ein Pentagramm ist ein fünfzackiger Stern, der in einem Zug gezeichnet werden kann, ohne dass man den Stift absetzen muss. Die fünf Spitzen des Pentagramms stehen für die vier Elemente Luft, Feuer, Wasser, Erde und den Geist.

5 Im Mittelalter glaubten die Menschen, dass dieses Zeichen sie vor dem Bösen schützt. Sie malten es mit Kreide auf den Boden, auf Türschwellen, Stalltüren oder Kinderbetten und wollten sich damit vor Hexen oder bösen Geistern schützen. Auch heute noch glauben einige Menschen an die Macht von Symbolen. Es ist eine Form von „Aberglaube".

10 Das Land Marokko hat den Fünfstern sogar in seiner Nationalflagge.

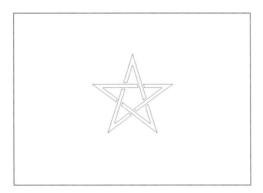

In dieser Geschichte spielt ein Schmuckstück eine besondere Rolle. Es ist eine silberne Halskette, ein Amulett in der Form eines Pentagramms. Am Ende jedes Zackens hat es einen blauen Stein.

▶ Zeichne dein eigenes persönliches Pentagramm auf die Rückseite und gestalte es farbig aus.

Weber: Unterrichtsmaterialien zu „Auf Klassenfahrt und Vatersuche" · Best.-Nr. 931
© Brigg Pädagogik Verlag GmbH, Augsburg

Name: _____   Datum: _____

Was ist ein Pentagramm? – Fragen zum Text

▶ Lies den Text „Was ist ein Pentagramm?" aufmerksam. Löse die Aufgabe und
beantworte die Fragen:

4

1. Zeichne ein Pentagramm,
ohne den Bleistift abzusetzen.   1/6 ⎯⎯⎯⎯⎯⎯➤ 2
Verbinde dazu die Zahlen miteinander.

2. Wofür stehen die fünf Ecken des Pentagramms?   3   5

_____

_____

3. Was glaubten die Menschen im Mittelalter über die Macht eines
Pentagramms?

_____

_____

4. Wohin malten sie das Pentagramm?

_____

_____

5. Auf welcher Nationalflagge findest du ein Pentagramm?

_____

6. Finde heraus, wo Marokko liegt und welche Farben die Nationalflagge hat.
Male sie in den richtigen Farben an. (Tipp: Ein Atlas oder das Internet helfen
dir dabei.)

_____

7. Wie sieht Philipps Pentagramm aus?

_____

_____

8. Welchen Aberglaube kennst du?

_____

_____

Weber: Unterrichtsmaterialien zu „Auf Klassenfahrt und Vatersuche" · Best.-Nr. 931
© Brigg Pädagogik Verlag GmbH, Augsburg

Was ist ein Pentagramm? – Fragen zum Text

▶ Lies den Text „Was ist ein Pentagramm?" aufmerksam. Löse die Aufgabe und beantworte die Fragen:

1. Zeichne ein Pentagramm in einem Zug, ohne den Bleistift abzusetzen. Verbinde dabei die Zahlen miteinander.

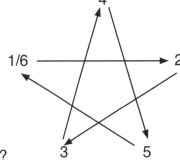

2. Wofür stehen die fünf Ecken des Pentagramms?

   Die fünf Spitzen des Pentagramms stehen für die vier Elemente Luft, Feuer,

   Wasser, Erde und den Geist.

3. Was glaubten die Menschen im Mittelalter über die Macht eines Pentagramms?

   Im Mittelalter glaubten die Menschen, dass dieses Zeichen sie vor dem Bösen schützt.

4. Wohin malten sie das Pentagramm?

   Sie malten es mit Kreide auf den Boden, auf Türschwellen, Stalltüren oder

   Kinderbetten und wollten sich damit vor Hexen oder bösen Geistern schützen.

5. Auf welcher Nationalflagge findest du ein Pentagramm?

   Auf der Nationalflagge von Marokko.

6. Finde heraus, wo Marokko liegt und welche Farben die Nationalflagge hat. Male sie in den richtigen Farben an. (Tipp: Ein Atlas oder das Internet helfen dir dabei.)

   Marokko liegt in Afrika. Der Hintergrund der Flagge ist rot, der Stern ist grün.

7. Wie sieht Philipps Pentagramm aus?

   Es ist eine silberne Halskette, ein Amulett in Form eines

   Pentagramms. Am Ende jedes Zackens hat es einen blauen Stein.

8. Welchen Aberglaube kennst du?

Wer sagt was?

▶ Verbinde die Sprechblasen mit der richtigen Person. Benutze ein Lineal!

Ich kann nicht mehr.

Jule

Halt! Erst wird in Ruhe gegessen.

Ich habe noch nie ein Lagerfeuer erlebt.

Finnja

Ich weiß gar nicht, wovon ihr redet.

Dazu Chips, Limo und Gummischlangen.

Funda

Ich gehe keinen Schritt mehr.

Frau Meister

Ich muss unbedingt aus den Schuhen raus. Und dann ziehe ich meine Bärchen-puschen an und lege mich ins Bett.

Herr Buchholz sagt, wir sollen Holz für das Lagerfeuer sammeln.

Klara

Ich helfe den anderen mal. Ist ja unfair, wenn sie alles alleine machen müssen

Ihr seht richtig unheimlich aus.

Alexander

Weber: Unterrichtsmaterialien zu „Auf Klassenfahrt und Vatersuche" · Best.-Nr. 931
© Brigg Pädagogik Verlag GmbH, Augsburg

Wer sagt was?

▶ Verbinde die Sprechblasen mit der richtigen Person. Benutze ein Lineal!

Ich kann nicht mehr.

Halt! Erst wird in Ruhe gegessen.

Ich habe noch nie ein Lagerfeuer erlebt.

Ich weiß gar nicht, wovon ihr redet.

Dazu Chips, Limo und Gummischlangen.

Ich gehe keinen Schritt mehr.

Ich muss unbedingt aus den Schuhen raus. Und dann ziehe ich meine Bärchen-puschen an und lege mich ins Bett.

Herr Buchholz sagt, wir sollen Holz für das Lagerfeuer sammeln.

Ich helfe den anderen mal. Ist ja unfair, wenn sie alles alleine machen müssen

Ihr seht richtig unheimlich aus.

Jule

Finnja

Funda

Frau Meister

Klara

Alexander

Weber: Unterrichtsmaterialien zu „Auf Klassenfahrt und Vatersuche" · Best.-Nr. 931
© Brigg Pädagogik Verlag GmbH, Augsburg

Name: Datum:

Wer sagt was?

▶ Verbinde die Sprechblasen mit der richtigen Person. Benutze ein Lineal!

Dennis

Heute hat die Klasse Bergfest.

Wir sollten die Klasse mal so richtig erschrecken.

Philipp

Wir haben doch das Bärenfell.

Halte die Luft an.

Tim

Oh mein Gott, wie seht ihr denn aus?

Du siehst cool aus, Philipp.

Wie kann man denn deswegen so einen Zirkus machen?

Dennis Mutter

Ich höre schon, wie die Mädchen kreischen.

Wahrscheinlich wollen euch nachher alle mit ins Bett nehmen.

Dennis Schwester

Ich glaube nicht, dass die Kinder Angst vor euch haben.

Weber: Unterrichtsmaterialien zu „Auf Klassenfahrt und Vatersuche" · Best.-Nr. 931
© Brigg Pädagogik Verlag GmbH, Augsburg

Wer sagt was?

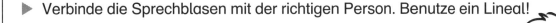

▶ Verbinde die Sprechblasen mit der richtigen Person. Benutze ein Lineal!

Heute hat die Klasse Bergfest.

Wir sollten die Klasse mal so richtig erschrecken.

Wir haben doch das Bärenfell.

Halte die Luft an.

Oh mein Gott, wie seht ihr denn aus?

Du siehst cool aus, Philipp.

Wie kann man denn deswegen so einen Zirkus machen?

Ich höre schon, wie die Mädchen kreischen.

Wahrscheinlich wollen euch nachher alle mit ins Bett nehmen.

Ich glaube nicht, dass die Kinder Angst vor euch haben.

Dennis

Philipp

Tim

Dennis Mutter

Dennis Schwester

Weber: Unterrichtsmaterialien zu „Auf Klassenfahrt und Vatersuche" · Best.-Nr. 931
© Brigg Pädagogik Verlag GmbH, Augsburg

Der Plan der Mädchen

▶ Die vier Freundinnen Finnja, Klara, Jule und Funda haben eine Idee, wie sie
die Jungen erschrecken können. Sie überlegen genau und machen einen Plan.
Schreibe auf, was sie vorhaben.

Plan:

Was die vier Freundinnen machen wollen:

_____

Wer macht mit?

_____

Wo treffen sie sich?

_____

Wann treffen sie sich?

_____

Was brauchen sie dazu?

_____

Weber: Unterrichtsmaterialien zu „Auf Klassenfahrt und Vatersuche" · Best.-Nr. 931
© Brigg Pädagogik Verlag GmbH, Augsburg

Der Plan der Mädchen

▶ Die vier Freundinnen Finnja, Klara, Jule und Funda haben eine Idee, wie sie die Jungen erschrecken können. Sie überlegen genau und machen einen Plan. Schreibe auf, was sie vorhaben.

Was die vier Freundinnen machen wollen:

Die Jungs erschrecken.

Wer macht mit?

Finnja, Klara, Funda und Jule

Wo treffen sie sich?

In ihrem Zimmer in der Jugendherberge.

Wann treffen sie sich?

Um 18 Uhr.

Was brauchen sie dazu?

Hexenmaske, Kürbismaske, Vampirkostüm, Geisterkostüm

Weber: Unterrichtsmaterialien zu „Auf Klassenfahrt und Vatersuche" · Best.-Nr. 931
© Brigg Pädagogik Verlag GmbH, Augsburg

Der Plan der Jungen

▶ Die drei Freunde Philipp, Tim und Dennis haben eine Idee, wie sie die Schulklasse erschrecken können. Sie überlegen genau und machen einen Plan.
Schreibe auf, was sie vorhaben.

Plan:

Was die drei Freunde machen wollen:

_____

Wer macht mit?

_____

Wo treffen sie sich?

_____

Wann treffen sie sich?

_____

Was brauchen sie dazu?

_____

Weber: Unterrichtsmaterialien zu „Auf Klassenfahrt und Vatersuche" · Best.-Nr. 931
© Brigg Pädagogik Verlag GmbH, Augsburg

Der Plan der Jungen

▶ Die drei Freunde Philipp, Tim und Dennis haben eine Idee, wie sie die Schulklasse erschrecken können. Sie überlegen genau und machen einen Plan.
Schreibe auf, was sie vorhaben.

Plan:

Was die drei Freunde machen wollen:

Die Klasse erschrecken.

Wer macht mit?

Tim, Dennis und Philipp.

Wo treffen sie sich?

An der Jugendherberge.

Wann treffen sie sich?

Um 18 Uhr.

Was brauchen sie dazu?

Ihre Bärenkostüme.

Weber: Unterrichtsmaterialien zu „Auf Klassenfahrt und Vatersuche" · Best.-Nr. 931
© Brigg Pädagogik Verlag GmbH, Augsburg

Dialoge erfinden 1

▶ Überlege selbst. Was könnten die Kinder sagen? Schreibe es in die Sprechblasen.
▶ Bildet Vierergruppen. Wählt den besten Dialog aus eurer Gruppe aus und lest ihn mit verteilten Rollen.

Weber: Unterrichtsmaterialien zu „Auf Klassenfahrt und Vatersuche" · Best.-Nr. 931
© Brigg Pädagogik Verlag GmbH, Augsburg

Dialoge erfinden 2

▶ Überlege selbst. Was könnten die Kinder sagen? Schreibe es in die Sprechblasen.
▶ Bildet Vierergruppen. Wählt den besten Dialog aus eurer Gruppe aus und lest ihn mit verteilten Rollen.

Name:	Datum:

Lustige Streiche

▶ Hast du auch mal jemandem einen Streich gespielt?
Lies die kleinen Geschichten. Schreibe dann deinen lustigsten Streich auf.

Ich habe meine kleine Schwester erschreckt. Sie lag im Bett und ich habe mir ein Betttuch übergehängt und Geist gespielt. Sie hat echt geheult.

Arzu, 9 Jahre

Ich habe mit meinen Freuden Klingelmännchen bei unserer schrecklichen Nachbarin gespielt. Aber sie war total schnell an der Tür und hat uns erwischt. Das hat ziemlich Ärger gegeben.

Benjamin, 10 Jahre

Ich habe einen Liebesbrief an meine Freundin geschrieben. Die hat echt gedacht, der wäre von einem Jungen. Dann hat sie rausgefunden, dass ich ihn geschrieben habe und hat drei Wochen nicht mehr mit mir geredet.

Michaela, 9 Jahre

Mein lustigster Streich:

_____

_____

_____

_____

_____

_____

_____

_____

Weber: Unterrichtsmaterialien zu „Auf Klassenfahrt und Vatersuche" · Best.-Nr. 931
© Brigg Pädagogik Verlag GmbH, Augsburg

Weber: Unterrichtsmaterialien zu „Auf Klassenfahrt und Vatersuche" · Best.-Nr. 931
© Brigg Pädagogik Verlag GmbH, Augsburg

Name:	Datum:

Fragen zum Buch erfinden

▶ Denke dir 10 Fragen zu der ganzen Geschichte aus und schreibe sie auf.

▶ Die Jungen suchen sich einen Partner, die Mädchen eine Partnerin. Stellt euch gegenseitig Fragen. Macht ein Spiel daraus: Wer richtig antwortet, erhält einen Punkt.

1. Frage:

2. Frage:

3. Frage:

4. Frage:

5. Frage:

6. Frage:

7. Frage:

8. Frage:

9. Frage:

10. Frage:

Eine E-Mail an Philipp schreiben

▶ Seit ein paar Tagen ist Finnja wieder zu Hause. Ihre Mutter hat ihr eine E-Mail-Adresse eingerichtet und wenn Finnja Philipp oder Peter eine E-Mail schreiben will, darf sie an den Computer. Zuerst schreibt Finnja an Philipp.

Neue E-Mail schreiben

Von: finnja.gessmann@email.de

An: philipp.selters@email.de

Betreff: Klassenfahrt

Datei anfügen

Senden

Hallo Philipp!
Wie geht es dir? Ich bin gut wieder zu Hause angekommen.
…

▶ Gib deine E-Mail einem Jungen aus deiner Klasse. Er soll sie in Philipps Namen beantworten.

Weber: Unterrichtsmaterialien zu „Auf Klassenfahrt und Vatersuche" · Best.-Nr. 931
© Brigg Pädagogik Verlag GmbH, Augsburg

Eine E-Mail an Finnja schreiben

▶ Es ist schon ein paar Tage her, seit Finnja mit ihrer Klasse abgereist ist. Zum Glück hat Finnja eine E-mail-Adresse und so schreibt Philipp an Finnja.

Neue E-Mail schreiben

Von: philipp.selters@email.de

An: finnja.gessmann@email.de

Betreff: Klassenfahrt

Datei anfügen

Senden

Liebe Finnja!
Es ist nun schon wieder eine Woche her, seit du abgereist bist.
…

▶ Gib deine E-Mail einem Mädchen aus deiner Klasse. Sie soll sie in Finnjas Namen beantworten.

Weber: Unterrichtsmaterialien zu „Auf Klassenfahrt und Vatersuche". Best.-Nr. 931
© Brigg Pädagogik Verlag GmbH, Augsburg